Eike M. Falk

Das Weltfragment
und
Una Noche
zwei Gedichtzyklen

© 2016 Eike M. Falk

Herstellung und Verlag:
BoD - Books on Demand, Norderstedt
ISBN 978-3-7392-4319-1

Das Weltfragment

Des Wahns jüngster Bruder bin ich, des
Untergangs Verkünder
den Tod habe ich gesehen
seine eiserne Maske, kalt funkelndem
Eis gleichend, hervorzuckend, als ich ihn sah
aus einer Blüte des Apfelbaumes
(auch hier schon, dachte ich, schon hier –
doch nicht den sanften Versen gleichend
die man Lämmern summt
frühlingsfeuchte, geschwängerte Natur
aus der Erde sprossend, aus dem Leib
feist und immerdar hungrig, hungernd nach
Geburt und Tod, Tod und Geburt
immerdar, immerdar ...). –
Gleißendes Eis, glühendes Rot
der Sonne und Eis gepaart, glühenden
Eisens schmelzend flimmerndes Rot –
der Tod, der Tod!

Ich habe mich ausgeschüttet vor Lachen
unterm Apfelbaum, wie ich ihn sah
den armen Alten – Klappermann, Schnitter
ich lachte ihm in die blödsinnig
stumpfen Augenhöhlen hinein – hinein und
hinein ... (und ich schäme mich jetzt
dass ich ihn schreckte, damals, den armen
zittrigen Alten, unsern ältesten Diener
den keine Schuld trifft, dass die Zeit auch
über ihn hinwegbrandete, der er nichts zu

bieten hatte als seine Dienste, die er litt und leidet).
„Wen willst du schrecken?" fuhr ich ihn an – „Weißt du denn nicht, mit wem du es zu tun hast, treiben nicht wir dir täglich solche Mengen Fleisches in die Arme, blöder Alter Menschenfleisch, zerstückelt und
am Stück, mehr und mehr und
immer mehr. Tagtäglich, Tag für Tag immer mehr und mehr … alles was wir an Überschuss haben, und des Überschusses ist genug, alles ist Überschuss, alles, mein Alter und wir geben es dir, wir überhäufen dich mit Fleisch unsern Fleisches, wir ersticken dich wir schütten es aus über dir, all die satten prallen Körper, oder die Gerippe, die kaum mehr die Kraft hatten ihr Fell zu tragen, mit stinkenden und balsamischen Körpern beschaufeln wir dich, blöder Alter
pack dich … pack dich, eh ich mich vergesse geh … geh mir aus den Augen, die du blenden wolltest mit deinen armseligen Tricks, ich bin nicht einer dieser mittelalterlichen Flagellanten keines dieser armen Schweine, wir alle nicht (die wir vielleicht doch die ärmeren Schweine sind, doch dies nur nebenbei)
zu viele Tode durchexerziert, was soll ich mich noch fürchten, dich, was hinter dir stehen mag, ich fürchte mich nicht – geh!"

Wie ein Schatten ging er vorbei.
Und ich ging vorbei ...
mit tränenden Augen
(denn schon schämte ich mich)
in den Gedanken die kranke Rose

'And his dark secret love
does thy live destroy'

Ließ ihn zurück in der Blüte des Apfelbaumes

Die blödsinnig stierenden Augenhöhlen,
stumpf ...

Irgendwann vielleicht sah ich ihn wieder
ich sehe ihn immer wieder
ich muss ehrlich sein
nein – nachdenken, scharf nachdenken –
tatsächlich
sehe ich ihn sehr oft, angenommen
er wäre nachtragend, sprechen sah ich ihn nie
hörte ihn nie, es ist eine schweigsame Arbeit
die er verrichtet, oder, entgegengesetzt, er
müsste schreien, ununterbrochen schreien
aber das geht nicht, ein Schrei ist
der Ausdruck einer plötzlichen Empfindung
dauerhafter Schrei ist Wahnsinn, ist
Tod – also doch, ein unsäglicher, stiller
unendlicher Schrei, nein – nicht unendlich
doch dem menschlichen Zeitmaß
entsprechend – ja

das wird es sein, und laut schrie er vielleicht
anfangs, ich müsste ihn fragen, aber ich weiß
ich werde keine Antwort bekommen
wie auch ...
er wird nachtragend sein, gewiss
aber er hätte mich greifen können
auch danach noch –
da werden andere Instanzen im Wege sein.
Womit wir beim Thema wären.
Gott? Nein ... nein ...
wir haben von uns zu reden.
Obwohl Gott?

Wenn ich schon
von Instanzen angefangen habe ...

Habe ich ihn jemals meinen Namen
nennen hören – 'gehe hin'
oder ähnliches
oder meine Codenummer
wahrscheinlich, dass ich
eine Codenummer habe
der Himmel ist modern, hat sich immer
seinen Geschöpfen angepasst
daher auch die Unzahl gefallener Engel
runterrationalisiert (raus aus dem Himmel
aus dem Paradies
[Paradies der Werktätigen, Paradies der
Wiederaufbauerundwaswerdenwollenden]) –
Unsinn!

Hat er meine Codenummer aufgerufen?
Wennschon.
Gut möglich, dass ich ein Mensch bin
so etwas
gut möglich.
Aber Engel und Menschen, all das
vermischte sich zu sehr
gefallene Engel, die Erde
Zwischenstation zur Hölle
und auch die kriechen herauf wie die Orks
aus den Bergen, aber so einfach ist es nicht –
Gut – Böse –
oh nein, so ist es durchaus nicht, auch wenn
die Einfältigen, wenn die mörderisch Dummen
noch immer daran glauben müssen
(denn sonst sähen sie ihre Dummheit).
Dieses Schöpfungsgemenge. Ein explosiver
Stoff.

Oh ja, und Panizza hatte recht, unbedingt
und in der Zwischenzeit wird er noch etwas
klappriger geworden sein, er ist in ein Alter
gekommen, da auch die paar Jahrzehnte seit
Panizza ihn sah sehr viel ausmachen
und ich ... soll ich sagen, dass auch ich
ihn gesehen habe, auch ich ... ja, ich
habe ihn gesehen.
Er und der Tod sind Brüder, wusstet ihr das?

Doch er trägt keine Maske, ich kann sehen
er ist mir ähnlicher
doch das beruhigt mich nicht.
Und das Scheußlichste: er besabbert sich
noch immer mit Speichel, Triefaugen
und all das
es ist nicht mit Worten zu fassen, nicht
nie, niemals ... nicht auszuhalten ...
Genug! Warum sollte ich ihn
unnötig kränken
er hat es nicht gut getroffen
... aber ich?
Ich verzeihe ihm nicht, dass er meine
Codenummer aufrief, obwohl, wie ich weiß sehr
wohl weiß, dass dies nicht von ihm sondern in
den Instanzen entschieden wird himmlische
Bürokratie ...
Doch auch davon will ich nicht reden.
Das ist nicht das Thema.

Ich rede von uns
das dürfte klar sein unterdessen
die wir über- und untereinandergekrallt
das alte morsche Gemäuer zu halten suchen
halten nur noch, denn schon nicht mehr
möglich es abzustützen
wir klammern, bröckelnde Mauern
klammern uns
am morschen Gebälk bröckelnder Mauern
ja, so ist es

wie diese magisch anthrazitenen Gotikdome die
verlassen und fotografiert in den Städten
stehen, zerschissen von den Tauben, den
himmlischen Boten, ja, so ist es, an den
Stützbalken zerren wir, Halt suchend
mit fester Hand – oder nicht?
Wer wollte da widersprechen?
Und widersprecht! Widersprecht!
Ich tue es auch, will auch leben, den
unsinnigen Traum auskosten
wo man fliegen kann
oder sich Berge hinunterstürzt
steile Felsen, doch
ehe man zerschellt
ehe Blut und Knochensplitter
Hautfetzen, Gehirn verspritzen überall
auf die Linse der seelischen Kamera wie Dreck
vorher erwacht man, schwitzt ein wenig
aber das muss nicht sein, und ein Kaffee
und was auch immer
holländische 'Pindakaas' wäre gut
das beißt alles wieder zusammen, Leben
nennt man das. Das ist das Thema.
Doch auch davon will ich nicht reden.

---

der horizont   wo
ist der horizont
das gestrüpp wuchert in meinem hirn
fontänen
die mir aus den ohren schießen

pinien
ins licht gereckt wie geile priester
mein haar
über das gesicht sägen sich scharfe linien
blutgerinnsel in den handlinien   verlaufen
trocknen ein
pressen sich in die haut
fontänen
der horizont   wo
ist der horizont?

---

und siehe es wird kommen der tag
da der menschheit
wird überquellen die
seele als ein faulend schlammiger brei
ein wehklagen wird lasten auf der erde und
es wird jammern und flehen das geschlecht der
gotteskinder   um aber
heftiger noch zurückgestoßen zu werden
eingestampft
ein ge stampft   pft (pft)
zurück   rück   rücklos
zuvor   rücklos   zuvor
schon war
rissige aschenhaut   der erde
zugesunken
ein ge stampft   pft   zugesunken
war der wind verstummt
waren die sprachen verklungen

Schwere Schatten
Schleierwolken
brachen mit Gewalt die Erde

---

eingestampft   brodelndes fleisch sich
von den knochen löst
verkocht
ver   kochen   d
so
wie es aufgezeichnet war:
und
es wird kommen der tag
fern euch
ihr glücklichen
da sich die himmel ballen
fraßen
f r a ß e n
die knochen
ver   koch   end

---

ich   allemal
bin   ich
verlassen   verträumt
ohne   diese
meine   ergreifende
sehnsucht   helle
die   schluchzend
ich   nur

in   wenigen
augenblicken   ewigkeiten
vergessen   darzubringen
weiß   vermag

Oh, mein Gott – habe Mitleid mit mir!
Oh, mein Gott – hilf mir!

Irgendwo da
klafft eine Lücke.
So ein großes schwarzes Loch.
Wo ... wo ... wo ...?
Davon ist zu reden. Das sind die Wurzeln.
Alldessen. Das treibt den Menschen Furcht
und Schrecken ein. Und –
ich fürchte mich.
Fürchte mich also doch. Und nun wird der Tod
wieder fordernd erscheinen. Woran
erkennt man die Wurzeln? Nein! Nein –
ich fürchte mich nicht. Und so
sei es ein für allemal gesagt: Schluss damit!

Fohlen. Fohlen auf der Weide. Ja –
davon ist zu reden. Wenn ich Gott abgetan habe
den Satan noch lange nicht.
Der ist nicht Gottes Bruder. Gottes
Vater vielleicht. Verursacher.
Alldessen. Dort sind meine Grenzen.
Die Wurzeln auch. Ja. Dort.

Sammeln.
Adonis gleichend sollte er sein. Oder
Wem …?
Wem …?
Sammeln. Wer ihn sah.
Seine Freunde, Gefährten
oder wie sagt man, nennt man …
Ihn
in mir sammeln.
Ihn
rufe ich an
ihn
suche ich, und ihn
muss ich zwingen … ich muss.
Denn nur er kann Auskunft geben, letztendlich.
Der Verursacher.
Ob das genügen wird? … Die Instanzen …

Der Albatros taucht auf – es ist unzweifelhaft er
sitzt auf einem Regal in der dunkelsten
Zimmerecke, ein indischer Dämon blinzelt ihm
zu, ein südafrikanischer Tokoloshi
allerlei Leute und Zeugs, und in der
entgegengesetzten Ecke, Esmeralda, das
Papageienmädchen, lässt gefährlich ihre Augen
rollen, das kann sie, aber er sitzt da, ganz
unzweifelhaft, und es erstaunt mich auch nicht
weiter, das war mir eigentlich schon klar, der

musste kommen, und da sitzt er nun
unzweifelhaft in der Ecke rum, so recht weiß ich
nun nichts mit ihm anzufangen, da er einmal da
ist, Gin habe ich keinen, noch etwas Calvados,
ich versuche ins Gespräch zu kommen,
versuche es mit Englisch
Spanisch, Französisch, immerhin, er hört mir
zu (glaube ich) und ich erzähle ihm von
Coleridge, Lowry und Baudelaire
vielleicht dass Esmeralda übersetzte, er
nickte weise mit dem Kopf, oder verständig ich
weiß nicht, überhaupt komisch, dass er
gekommen ist, ich bin nie richtig zur See
gefahren, in Schottland, zu den Inseln hinüber
nach Rhum, nach Skye, das ja, oder die Küste
Labradors entlang, Wale waren dort, aber hier
sitzt kein Wal, ich wundere mich doch, dass er
gekommen ist, Esmeralda, sie ist sehr hübsch
da kenne ich mich nicht aus im
Geschmack von Albatrossen, aber das war
schon klar, dass er kommen musste …

Ich werde geschlafen haben, lange Zeit
Traumbilder, Wachbilder – lange Zeit
im Übergang
träumt man am besten.
Sehergabe für jedermann.
Tausend Jahre im magischen Eis …
… Wieso? Wie komme ich jetzt darauf? …

Ach ja, die magisch anthrazitenen Gotikdome
so etwas klingt nach, das erinnert an feinfühlig
zelebrierte Autodafés, die hübschen jungen
Kardinäle mit blonden Ringellöckchen, ja, das
ist Renaissance, das ist Geschmack, das ist zum
Kotzen, ist das, manikürte Fingernägel
oder hatten die das damals noch nicht
das wäre schade, aber
da erkundige ich mich nicht erst
die hatten einfach manikürte Fingernägel
das ist zum Kotzen, das klingt nach, das zergeht
auf der Zunge, Zwerge, Nymphen und
Koryphäen, der Fluch auf den Kennedys, aber
das gehört nicht hierher, ich schweife ab, zu
sehr, viel, viel zu sehr – ihre Gebeine wuchsen
übel an ihre Gebeine wuchsen überall – das hat
nichts mit den Kennedys zu tun
obwohl – es gehört alles zusammen
Bilder wie Blitze ... Blitze ... Bilder ...
Die Nacht, da der Würgeengel kam – nein!
Suchen ... suchen ...
Gottes Schweizer Garde: Cherubim.
Abgehakt.

'Du aber, Daniel, geh hin, bis das Ende
kommt, und ruhe, bis du auferstehst
zu deinem Erbteil am Ende der Tage.'
Daniel also ...
Wer weiß?

Daniel. Der erste Vegetarier.
Und schön. Mann, muss der schön gewesen
sein. Der süßeste Süße des ganzen Hofes.
Schwamm drüber. Oder was?
(Daniel im Petticoat)
Und die vier Königreiche.
Assoziationen zu Thomas Müntzer.
Fürstenpredigt:
'So wir nun Gott fürchten, warum
wollen wir uns (dann) vor losen,
untüchtigen Menschen entsetzen?'
Das
hat schon nichts mehr
mit Vegetariertum zu tun
da macht das alte Buch Geschichte. Macht
es ja öfter. Diesmal – positive Geschichte. Wenn auch
blutvoll. Verloren.
(Käthe Kollwitz –
'Blätter über den Bauernkrieg':
'Bewaffnung in einem Gewölbe',
'Losbruch')
verloren aber machtvoll.
Trauer. Hunger. Tod.   (Tod!!)
Blutvoll verloren.
Beginn einer nichtendenwollendenniederlage
des
deutschen Volkes.
(Deutsches Volk! Aufgemerkt!
Welch ein Rauschen

da durch Wotans Ohren braust! Das war
nicht immer so   deutsches Volk
eingestampft
ein ge stampft   (pft)   einfür
allemal   immerimmerimmerwieder bis es
nicht mehr Volk war nicht Fisch nicht Fleisch
Masse
Masse   Masse   Masse
formbar   verloren
mutlos   verloren   eingestampft
ein   ge   stampft).
Eine köstliche Geschichte:
Die mit dem Feuerofen. Nein, was für ein
himmlischer Einfall! (und warum auch nicht?)
Man stelle sich den alten Nebukadnezar vor
den Tunichtgut, den babylonischen.
Und da sitzt er nun behaglich im Lehnstuhl und
sieht statt der drei, die er hineinwerfen ließ, vier
Leute im Ofen rumspazieren, der vierte
aussehend als wäre er ein
'Sohn der Götter' (Götter! Sakrament!!).
Der Kerl muss doch sofort
zum Abstinenzler geworden sein.
Oder umgekehrt.
Hierüber fehlen leider die historischen Daten.
Was die Leistung Daniels
(oder wer schrieb die Story?)
nicht schmälern soll.
Obwohl ich mir den Ofen noch immer nicht
recht vorstellen kann.
Ich werde das mal überprüfen.

(schnall mir die Flügel an und fliege zurück die Zeit)
Aber wenn solche Gebilde in den dortigen Landschaften gang und gebe waren
dann wundert mich die Vorstellung vom Fegefeuer keineswegs.
Oder kam das erst später?
Was mir nicht gefällt: warum mussten die Soldaten, die Daniels drei jüdische Mitjünglinge in den Ofen warfen
eigentlich von den Flammen verzehrt werden?
Veranschaulichung? Sadistische Neigungen? ...
Aber da tue ich ihm sicherlich Unrecht
es geschah wohl aus Zorn über die Besatzer.
Und dennoch –
stand er nicht in Amt und Würden bei ihnen?
Daniel also – eine Satrapenseele?
Ein Opportunist?
Sehen wir weiter.
Belsatzer. (Heine)
Und die Sache mit der Löwengrube.
Allmählich kommt er mir vor wie einer dieser treudusseligen Diener in einer englischen Komödie. Der Lord kann ihm abends im Suff noch so oft eine reinballern, mit Engelsmiene steht er jeden Morgen wieder hinterm Stuhl und schenkt Tee ein.
Vertraue auf Gott
und diene deinem Unterdrücker.
Das ist klug.
Aber ist es das was ich suche?
Ah – schon wieder Traum und Gesichte.

Scheint seine Spezialität zu sein.
Diesmal sind es vier Tiere.
Und dann die Wolke mit
'des Menschen Sohn'!
Köstlich –
frühe Fantasy, noch etwas unbedarft.
Aber das ist es nicht.

Das Eiapopeia des Himmels.
Hart durchpariert.
„Phsaw!" würde Sam Hawkins sagen.
Nein – das ist nicht das was ich suche!

Ich gebs auf. Ich gebe auf anlocken zu wollen
woran ich nicht glaube. Was es also nicht gibt.
Was ich aber doch erhoffe ...
Was mich hält hier auf der Erde dieser
vermaledeite Wahnsinn
nicht zu glauben nicht glauben zu können nicht
glauben zu wollen
aber es nebenbei doch zu erhoffen glauben zu
hoffen oder wie
soll man das nennen: ich glaube nicht aber ich
hoffe eines Tages
wissen zu können: ich glaube nicht an dich
Verursacher aber ich
hoffe ich verlange dass du erscheinst: zu faul
um mich selbst zu
betrügen und dein Erscheinen in irgendeiner
Kleinigkeit gesehen

zu haben zu behaupten warte ich auf den
großen donnernden Beweis:
erscheine jetzt und reiche mir den Krug voll des
feurigroten Höllenweins.

Nicht einmal genug besaufen
könnte ich mich ...
nicht einmal das ... nicht einmal ...
nicht ...

Nichts anderes als das ewige WARUM.
Ich geniere mich schon beinahe
das noch zu erwähnen.
Wahrscheinlich sollte ich jetzt
MdB der CDU werden
oder mir eine Kugel in den Kopf jagen
(aber ich weigere mich dagegen ... wie schön ...
ich weigere mich).
Auf keinen Fall aber sollte ich die Frage
WARUM
stellen, auf keinen Fall sie, die alte
Menschheitsfrage:

> WOHER?
> +
> WOHIN?
> +
> WARUM?

FAKTEN ... FAKTEN ... FAKTEN

WOHER?
WOHIN?
FAKTEN ... FAKTEN ... FAKTEN
WARUM? ... WARUM? ... WARUM?

Keine Antwort auf die Frage.
Verflucht sei
der erste Mensch, der sie stellte.
Bevor er fragte, wusste er, unbewusst
die Frage jedoch schuf
eine solch unendliche Kette von Möglichkeiten
dass sie nie zu beantworten sein wird.
Oder?

Fohlen. Fohlen auf der Weide.
Oder Esmeralda.
Aber ich?
WARUM? ... WARUM? ... WARUM?
Auch das 'WIE'
Wie leben?

Menschheitsfrage dort –
Menschheitstrauma hier.

Das WIE? ... DAS WIE[?] ... DAS 'Wie'

Als wir zu denken begannen, hinausgreifend
   über
Nahrungserwerb, Fortpflanzung, Schlaf ...
   Rhythmus des
Lebens, tief drinnen, aber unbedacht, das
Goldene Zeitalter endete durch die
   Bewusstwerdung.

Als wir zu denken begannen hinausgreifend:
   Furcht.
Tod
Geburt
Gott
Teufel
   Verursacher
        Verursacher   Verursacher

Das Unaussprechliche ausgesprochen.
Geist, der dies alles schuf, sagte ...
und es war
(es ward)
(es ward Gott)
(es ward der Teufel)
(es ward ... Tod?)   Der Tod?

Wir haben Gott erfunden, weil wir die
Natur fürchteten, und wir haben den Teufel
erfunden, weil wir Gott fürchteten, und wir
haben sie beibehalten, beide, Gott, den Teufel
wir behalten sie bei, weil wir uns vor uns
selbst zu fürchten begannen, fürchten.

Geist.
Geist.

Und wir haben die Natur erfunden weil wir Gott
fürchteten und wir fürchteten den Teufel weil
wir die Natur erfanden fürchteten Gott erfand
der Teufel die Natur behielten den Teufel und
Gott und
Geist.
Geist.
Natur.

Der Tod.
Der Tod er ist das letzte Stück Natur das
wir zu fürchten haben doch auch dies wird
überwunden sein eines Tages und dann
werden alle Kontrollen ausgerastet sein die
Furcht wird dahinsterben
wohin?
Wenn wir
uns nicht selber überwunden haben werden
bis dahin
Natur die wir selber schufen
Natur   Natur
Geist
Natur

Wir wissen absolut nicht
und wir begreifen nicht, was
Natur ist – um zu verstehen, was sie ist
müssten wir
selbst Natur sein.

Was uns umgibt, Materie und Nicht-Materie
die Grenzenlosigkeit des Seins
und des Alles, alles
das Nicht-Greifbare, Nicht-Begreifbare.

nâturâ, ae: Wesen. Charakter. Schöpferkraft.
       Eigentümlichkeit. Kreatur. Organ.
       Grundstoff. Element.
       Natürlicher Lauf der Dinge.

Natur. Und wir selbst sind es nicht mehr.
Waren es einmal, in einer Zeit, die vergessen.
Aus gutem Grund.
Wir haben die Natur verlernt je mehr wir sie
zu fassen suchten. Und suchen. Sie hat uns
von sich geschoben.
Und ich, ein Mensch, ich taste taste taste
versuche weiterzugreifen und werde
zurückgestoßen
einumsanderemal.

Wer weiß schon was die Natur bezweckt mit
unserem Sein, was sein wird mit uns, wozu.

Und es zerbrach das ewig Scheinende
es zerbrach das Unermessliche
das Diamantene
zu Sternen, Planeten und Monden
zersplitterte es.

Warum?
Warum zerbrach ...
Und warum
treibt was zerbrach
wohin ... ?

Niemals werden wir das Unbegreifliche
begreifen können.
Warum wir?
Wohin?

Was mich in meiner Endlichkeit als Gefühl
des Unendlichen erfasst, ist nichts
als die endliche Unendlichkeit des Seins.

Ich war – ich bin – ich werde sein
und immer sein
ein Teil des Seins.
Besteht das Sein
so werde ich sein
dann werde ich verloren
werde nurmehr gewesen sein
- und nichts mehr sein.
Nichts
werde ich sein, wenn das Sein gewesen ist.
Ich werde eintauchen im Nichts
ich werde mich verlieren
und vergessen sein.

Nichts werde ich sein
wenn das Sein gewesen ist.

Das Alte beiseitegeschoben, aber was dann?
Nichts anderes als die Leere, das Nichts, von
uns Menschen gefürchtet, nicht nur von uns
die Leere, das Nichts, Feind allen Lebens.
Woraus wir kamen und wohin wir gehen – und
schrecklicher noch dieser Gedanke: worin wir
gelebt haben, möglicherweise.

Die alten Klammern aufgelöst fluten ins
Uferlose
keine Gedanken
besser
keine Gedanken
verschwenden
das Nichts zu füllen
die Leere aufzuforsten
neue Wege beschreiten   Furcht   die alten
Herren haben gute Bunker   die alten Herren
haben gute Speisen darin   gute Luft
gespeichert   leisten sich
gute Soldaten sie zu beschützen
die alten Herren brauchen keine neuen Wege
beschreiten   keine Furcht   ihr alten Herren
keine Furcht   ihr Diener alter Herren   sie
werden beibehalten   ehrwürdige
Schemen und Schablonen   behängt und
bekränzt mit Flitter und Tand weiterhin

Rosmarin   Salbei   Weihrauch und Myrrhe
den Leichendunst zu überdünsten
und ob Kind oder Greis   verirrtes oder
abgewiesenes Schaf   wir alle   in unser aller
Köpfe   darin spuken sie fort   ihr
Unwesen treibend   Mord und Totschlag
Krieg und Zerstörung   weiterzeugend
Generation auf Generation   einbrennend ihren
Widersinn   die
Hirnrinde durchbohrender
Schmerz der Wassertropfen
spürbar jeder einzelne   wie ein
Brandeisen   uns zeichnend   ein
ganzes erbärmliches Leben lang
jeder einzelne Tropfen   den wir empfingen
glühende Asche aufs Haupt
Atomraketen abfeuern und beten
die Ausrottung der Gattung Mensch   dabei
den Himmel loben und preisen
geschieht Hunger   Verwüstung   Folter
Mordgierig   wir alle   die
wir die Verirrung begingen aus dem Leib zu
kriechen   oder die wir gezogen wurden
gezerrt in den lebendigen Tod hinein   dahin
haben wir es gebracht   das
ist Wissenschaft   das
ist Fortschritt   Wahnsinn
ist das   heller Wahnsinn

Verstand
Geist
Natur

Des Wahns jüngster Bruder bin ich, des
Untergangs Verkünder –
nicht gerne
doch der Schwanengesang muss gesungen sein
zu singen – jetzt!

---

die Zukunft   eingestampft
    ein - ge - stampft

Was haben wir uns nicht alles erworben
in unserer langen Entwicklung.
Geist. Verstand. Vernunft
ist es nicht geworden.
Tiere, die sich bescheiden auf ihren Bereich
Tiere in ihrem Sein zueinander, wodurch selbst
das Gegen- zum Miteinander wird
letztendlich, haben wir das Begriffen?
Bescheidenheit?
Vernunft.
Vernunft.
Wir
die wir uns ständig neuen Formen des Irrsinns
entgegenwerfen, wir halten es für schändlich

ja für menschenunwürdig würden wir es
erachten uns der Vernunft hinzugeben.
Geradezu kränken würde uns das.
Bescheidenheit.
Hohle Wörter. Hohl.
So weit
haben wir es gebracht.
Wir besitzen die Wörter, doch nicht
Vernunft
Bescheidenheit, Bescheidung
auf ...
Oh, wie wir es hassen, wie wir uns hassen
Vernunftbegabt zu sein, viel lieber
frönen wir den alten Trieben, wir, hingegeben
jeder Blendung, wir, mit aufrechter
Unterwürfigkeit, wir ..., wir ..., wir ...
Mordgierig
Folterknechte wir alle
Standhaft und tapfer, freiheits- und
friedensliebend.
Wörter. Hohl. Folterknechte
wir alle.
Mordgierig.

Freiheit. Früher sagte man: Vaterland.
Friede. Früher hieß es: Eisen wachsen lassen.
Standhaft und tapfer sind wir geblieben.
Standhaft die Blindheit ertragend, geistesblind
tapfer und öde.

Die blödsinnigen Augenhöhlen: stumpf

Klick! Die Menschheit eingefangen (Pictures! Pictures!)
Ein Abschiedsgruß für die Brüder im All
              Mit Gruß und Kuss
Wir
Bei der Abschiedsfete
                    Herzlichst
                          Die Menschheit

Aber homo irritus versteht nichts, nie.

Angst reißt alles in ihm auf
vermehrt sich in ihm
rollt
wie eine Mottenkugel
über Läuseland.

---

7 Leben haben die Katzen, und doch
sieht man ihre Kadaver
übel zugerichtet
zu Dutzenden liegen sie
an den Rändern der
Straßen und Autobahnen

Wie viele Leben hat der Mensch?
Wie viele bereits hat er vergeben?

Hier darf jede Primel eingehen so gut
sie kann.
Was für eine schöne Erde
schöner wohnen
nirgendwo

Una Noche

Contemplar a lo hermoso.
No es respuesta bastante?
(Luis Cernuda)

1

Solch eine Farbe

weiß ist der Tod
und das Leben ist weiß

in der Sonne
gebleicht
ein Skelett, es ist weiß
und weiß sind die
Zähne der
Schönsten der Inseln

ihre Lippen sind rot
sind rot
wie das Blut
das Blut ihres Liebsten
den ich erstach

und schwarz ist das Meer
an dem Tag

2

Eine Grille spielt
ihren Hochzeitssong

der rote Wein
seine Rubinfarbe, die
durch keinen Rubin zu
beeindrucken wäre
zwingt mich zum trinken
bis
es keine Rubine auf Erden
zu geben mehr scheint

unbeirrt müht sich die
Grille
die
einzige Grille weit und breit

es ist die letzte Grille
und doch
spielt sie den Kampf des
Lebens

und solange es Wein gibt
solange
wird sie, die Grille
den Kampf des Lebens
spielen
und ich
werde trinken

bis der Wein alle sein wird
und die Grille ihren Kampf
des Lebens gewonnen hat, denn
das wird so sein, und
es wird in dieser Nacht
geschehen, das
ist so sicher wie die
Rubinfarbe des Weins
und die die Tatsache, dass er
getrunken sein wird, dann
wird das Spiel des Lebens
entschieden sein

3

Warm
meine Hände vor den Augen
lassen
    Milch zwischen den Fingern
unfruchtbaren Boden
schwängern
        sandige Felder
    löschen
Seligkeiten
        wo auch immer
das Telefon
        surrt
Wörterbücher, die
        nichts finden, Wind
hinter den Gardinen
warm
        ein Papageienfisch
von meiner Einbildung
   in die Luft gezaubert
verschwunden im
    Augenblick
    fort
meine Sucht
Suche
    nach Worten
    Worten
nach Worten
    Worten   wohin
warm

    violette Wolken
    auf dem Weg
    in die Nacht
warm
der Schauer einer
    vorüberzuckenden Erinnerung
meine Hand
sucht
    ein Streichholz
sucht
    einen Schatten
aquella cabeza
    dort
       das Vibrieren
eines liebeskranken Dampfhammers
behutsam
    wie der Biss
    einer Tarantel
warm
    in meiner Hand

4

Und immer wieder der Wein
- immer noch -
die Grille hat
ihren Hochzeitssong
noch
nicht zum seligen Ende gebracht
und ich, entgegen
allen meinen Ratschlägen
ein Ende zu machen
meinen blödsinnigen Versuchen
gegen eine weiße Wand
anzuschreiben
auf ihr zu schreiben
sie zu beschreiben, mit
Zeichen zu bedecken
vollzukritzeln, egal
den Wein
nutzbringend
anzuwenden
allem zum Trotz und
überhaupt, seinem
Rubinglanz zu frönen
ja, das vor allem
mir zur Freude
weil
es Spaß macht heute
oder morgen

- entre mis islas -
voran
bis zur Stunde, zur Minute
zur Sekunde der Grille
welche Zeit auch immer sie
zu ihrem Akt benötigen mag

warum zirpt sie?

meinetwegen bräuchte sie
nicht zu zirpen
ich könnte auch
eine neunmaltote Plastikfolie
andichten
      gegenandichten
      fürbittend
      bedichten
mein Paar
höchst ausgelatschte Schuhe
sandige Socken
das äußerste an Zufriedenheit
ist längst schon erreicht
meine Augen träufeln
Seligkeiten (wo auch immer)

- y por un filo escueto –

schwarzer Tabak
schwarz
wie Nächte nie sein mögen
löscht Gaumen

und haucht
Leben aus
so simpel
so erstaunlich simpel

5

Das war es

der Regen kam
dann ist er wieder gegangen
nach Afrika
      nehme ich an
rosa Pelikane zu bestaunen

morgen
wird es blühen
auf der Insel
entretanto
die Grille
hat sich verzogen
ich hoffe nicht
dass sie Schaden nahm, ertrank
wer kann es wissen?

mit ihr ist diese Nacht
gegangen
noch nicht
      ich
warte

6

Deine Lippen sind Korallen
deine Schenkel
Türkise, kalt
dein Schoß, ein
Fenster zum offenen Meer
ein Meer
hinter dem offenen Fenster
wartend, eine Dünung
ist nicht zu erkennen
ein
Blumenkübel, himmelblau
ganz schlicht

7

Den Wein
werde ich nicht begreifen lernen
bis zum Ende
nicht begreifen lernen

8

Der Wein bricht
    die
Unduldsamkeit des täglichen Lebens
entzwei, man
merkt wie wenig Leben noch
dabei ist
und
wieviel Unduldsamkeit

so selbstverständlich zu
spüren eine
Maschine zu werden
es einzusehen
unversehens in
einen Science-Fiction-Roman
sich
versetzt zu fühlen

      teilnahmsvoll

- hey robot –
´schon jetzt´ zu denken

"Madrid, a 12 de noviembre de .... "

unschwer
Attentate vorherzusehen

"a las doce de la noche de ayer"

der Versuch einer Ameise
den Schuh zu beißen
der sie zertritt

ebensowenig verdammenswert
wie das Handeln unserer Regierungen, dieser
grinsenden Riesen, die
mit uns Bauklötzchen spielen
und zu lustiger Stunde
einknicken lassen wie ein Kartenhaus

weil menschlich eben
(mit zunehmender Unduldsamkeit)

SIE LEBT, DIE GRILLE, SIE LEBT

"a las doce de la noche de ayer"

9

Um 7, mitternachts

der Schatten des Tisches auf ...
der Schatten des Tischbeines auf
dem beigebraunen Teppichmuster, melange
eine, die einzige
klare Linie, einmal
abgesehen von der weißen Wand, die
ich nicht mehr anzublicken wage, eben
tat ich es doch, nur kurz, und
taumelte in den Wind der Nacht ...

hilflos, eine
klare Linie suchend, den
Schatten des Tischbeines auf ...
eine Kontur
Schatten, Wind
abgerissene Gedanken

nichts weiter?

doch
weitertasten
beruhigende Gefühle suchen
eine Augenbraue
mit der Hand die
Stirn zu befühlen, kühlen
mit meiner Hand, meine
Hände

noch
kann ich meinen Körper in
Bewegung setzen
Wein zu holen

die Melone im Kühlschrank
verursacht mir Magenkrämpfe
wobei
ich   weiß
   dass
sie sehr lecker schmeckt

warum dies?
wieso das?

nachvollziehbar
bitte sehr
nachvollziehbar
ist alles
ich
bin glücklich aufzuschreiben
was
auch immer

was auch immer mir passt
ohne Streichungen
ohne Nachdenken
eine Zigarette anzuzünden
wie
außerordentlich empfindlich sich
dies auch auswirken mag ...

Kopfschmerzen, ganz einfach
Kopfschmerzen

ein Gedicht zu suchen
worin ganz einfach
`Verzückung` steht
eine
Beschleunigung der Phantasie

das Vibrieren eines liebeskranken
Dampfhammers, der
ohnehin längst verklungen ist

verschlossen
    Seidenmuscheln
im weichen Bett des Meeres
und vom Wind gestreichelt

... nein
  der Wind
nein
der Wind
streichelt nicht
nur so eine Phrase
der sie erfand – alle Achtung
das hat sich festgesetzt und ist
nicht mehr rauszukriegen
aus dem Kopf
aber nein, der Wind
streichelt nicht, er fegt
auch so eine Phrase
nein

dieser Wind
ist nicht zu beschreiben
man muss ihn fühlen
und hören
man muss die goose pimples
sehen können auf der Haut
und versuchen zu hören ob
die Grille noch zirpt
hört man sie nicht, so
ist es ganz der Wind hier
der nicht zu beschreiben ist
denn die Grille zirpt bestimmt
sie ist
ebenso unermüdlich wie der Wind
und das Meer
wenn auch ebenso sterblich
wie der Stein
der mir eben wieder
in die Augen fällt, ich
hebe ihn auf vom Tisch, er
ist weich, abgeschliffen und
ganz weich, darum auch
brachte ich ihn mit vom Strand
seine Sterblichkeit dauerte mich, er
wäre zerrieben worden
vom Meer, meine Hand, selbst
wenn ich ihn bis an mein Lebens-
ende darin bewegte
wird dies nicht zuwege bringen

aber dann ...?

... es wird nicht aufzuhalten sein

für einige Augenblicke, überschwängliche
Augenblicke, wähnte ich mich als
Retter, als
großmütigen Retter des Steines, ob-
wohl es nur seine anschmiegsame
Form und Weichheit waren
die ihn mich aufheben ließen

er und ich
wir gehören zusammen
er gibt mir was ich ihm gebe

um 7, mitternachts

10

Schön
du bist schön
dein Lachen allein
ein Dolch
im Fleisch jeden Mannes
wie du weißt
schön
bist du
schön

11

Keine Kraft mehr
keine Gedanken, keine Energie
zu Gedanken
aber die Grille zirpt
die Wolken sind mit dem Regen
gegangen, der Wind
spielt mit den Sternen, scheint es
und ich spiele mit dem Stein
gedankenlos, schreibe
kraftlos und spiele mit dem
Stein, wie der Wind mit den
Sternen, wie der Wind
mit Türritzen zu spielen pflegt
und das ist genug, das ist noch
genug Leben, das bedeutet noch
genug Leben zu spüren, mehr
Leben immerhin als der Schlaf
der sich immer fordernder vor
meiner Stirn aufbaut, auch
eine neu angezündete herrlich
schwarze spanische Zigarette hilft
nicht darüber hinweg, ganz
im Gegenteil, auch
den Wind mit meiner Stirn
spielen zu lassen ...
zu viel Energie, zu viel Kraft
viel zu viel ...

12

Keine Drängeleien bitte.
Sie sind herzlich eingeladen.

--

Von irgendwoher
muss es gekommen sein

    es wirft Schatten an die
        weiße Wand

beunruhigend

    doch weniger als die weiße Wand

durch
einen Nebel aus
Zigarettendunst, den ich
seit Stunden
entgegen dem Zeitgeist, der
ebenso gesund wie
der gesunde Menschenverstand
also
auch diesem
wie der weißen Wand
entgegenqualme
starre ich

in eine Leere
      die

Schatten wirft
    auf eine weiße Wand
die
    mich beunruhigt
    in
ihrer Leere
    angefüllt
    mit
Schatten werfender Leere
mich beruhigt
und auch nicht

keine Sonne, kein Mond

Mars und Venus
    treiben es nicht
    miteinander

leere Schatten

      eine Brottüte
mit der ich mich noch nie
      beschäftigt habe
quält

meine Hände
winzige Kakteenstacheln
beim Pflücken der Früchte

noch nach Jahrzehnten
quält

noch viele schwarze Zigaretten
die mich
am Leben erhalten (!)

noch viele Jahrzehnte

eine Steckdose schreit
    nach Vergewaltigung
Hundegebell
    und ein Flügelschlag
- der Vorsehung womöglich –
    zerstäuben
Kastanien (die es nicht
               gibt)
keiner Erwähnung wert
völlig unbrauchbar

13

Ein kleines spanisches Mädchen
spielt mit meinen Schenkeln
spielt mit ihrer Zunge ...
ich werde zunehmend unaufmerksam

14

Erstmals
hat eine Kaulquappe

   und andere liebe Seelen

das Gesetz und die Gesellschaft
zwischen Fingern, schlank und zierlich
und Krallen, die
Schleimtropfen

   abfangen

   ein Mund, der
      ein Ächzen, einen Furz
   der
      saugend alles, wirklich alles

alles, verdammt, alles
>   dir
>   ein Mund, ein Mund
>   Krallen, Zähne
>   dich zerfetzend
>   fordernd
>   alles
>   alles

>   mehr zu geben

>   dich
>   dir

diese schlanken Arme

>   dich
>   dir

>   ein Ohrring
>   ein Leberfleck

Mund, Mund
Zähne

>   dich
>   dir
gib, nimm
>   zu geben
>   alles
ein Ritt in die Nacht

   mehr
    mehr
        zu geben
   mehr
eng, so eng
      und
so tief, tief
   wie ein Tal voller Sterne

   gib
   nimm

   mich
   dein Mund
   mehr
   mehr, noch viel mehr

tief, tief
   wie ein Tal
   ein Tal
   ein Tal

        meine Sterne

auf
   tauch auf
nein
nein
nicht, noch nicht
tief, das Tal
tief, tief

oh Sterne
Sterne
Sterne

15

Der Sand spielt mit meinen Lippen
ja, der Sand
   die
Wüste
zeichnet auf mir
ein Reibeisen
   ich
glühe

dich, dir
gib
nimm
nimm

16

Die es versteht
mich mit ihren Krallen
ins Nichts zu erheben
mit ihrem Mund
in ein Feld
voller Honigmelonen

ihren Zähnen in
ein Nadelkissen
darauf ich
meine Unzulänglichkeiten
auszubalancieren habe
ein Schoß
darin ich
eine Seifenblase
ein Hintern (so süß)
ich
in alle Ewigkeit

versetzt sie mich
noch eine Berührung
ihres kleinen Fingers

17

Das Meer
spürst du
wenn ich sage:
das Meer
fühlst du
wie ich sage:
das Meer
riechst du
wenn ich sage:
das Meer
siehst du
über dem Hafen
Möwen
ihre Köpfe
nach Beute werfen
hin und her
siehst du
springende Delphine
deine Sehnsucht
überm Meer
wie ein Boot
auf dem Meer
Möwen
deine Sehnsucht
wenn ich sage:
das Meer
ihre Köpfe
übers Meer

18

Ende der Nacht
der Grille
des Steins
der Wand (unbedeutsam
geworden)
die Leere [Schatten] –
herrlich schwarze
spanische Zigaretten
Seligkeiten (wohin auch immer)
der Wein (Rubinfarbe und
das)
- hey robot –
sie allein
mich